União estável

Blucher

SÉRIE CONHECIMENTO

União estável

Tânia Nigri

União estável
© 2020 Tânia Nigri
Todos os direitos reservados pela Editora Edgard Blücher Ltda.
É proibida a reprodução total ou parcial por quaisquer
meios sem autorização escrita da editora.
Imagem da capa iStockphoto

Segundo o Novo Acordo Ortográfico, conforme 5. ed. do *Vocabulário Ortográfico da Língua Portuguesa*, Academia Brasileira de Letras, março de 2009.

Publisher Edgard Blücher
Editor Eduardo Blücher

Coordenação editorial Bonie Santos
Produção editorial Isabel Silva, Luana Negraes
Preparação de texto Ana Maria Fiorini
Diagramação Negrito Produção Editorial
Revisão de texto Maurício Katayama
Capa e projeto gráfico Leandro Cunha

DADOS INTERNACIONAIS DE CATALOGAÇÃO NA PUBLICAÇÃO (CIP)
Angélica Ilacqua CRB-8/7057

Nigri, Tânia
    União estável / Tânia Nigri. – São Paulo : Blucher, 2020. (Série Conhecimento)
    112 p.

    Bibliografia
    ISBN 978-65-5506-012-6 (impresso)
    ISBN 978-65-5506-013-3 (eletrônico)

    1. União estável (Direito de família) – Leis, legislação - Brasil. I. Título.

20-0378   CDD 347.628(81)

Índices para catálogo sistemático:
1. Brasil : Leis : Direito de família : União estável

Blucher

Rua Pedroso Alvarenga, 1245, 4º andar
04531-934 – São Paulo – SP – Brasil
Tel.: 55 11 3078-5366
contato@blucher.com.br
www.blucher.com.br

AGRADECIMENTOS

Meus agradecimentos àqueles que me estimularam a escrever este livro, levando o Direito a todos, de forma democrática e em linguagem acessível.

Tenho certeza de que o conhecimento dos nossos direitos é um instrumento basilar de cidadania e deve ser fortemente estimulado e facilitado por todos aqueles que lidam com a lei.

Agradeço à minha família e aos meus amigos, que sempre acreditaram em mim (mais do que eu mesma), e deixo aqui minhas homenagens a Sarina Nigri, Linda Setton, Pedro Nigri Leone, Bruno Nigri Leone, Esther Nigri e Elaine Lúcio Pereira, que fizeram a primeira leitura do texto, visando adequá-lo a uma linguagem mais coloquial, para que o "juridiquês" ficasse afastado da obra. Minha enorme gratidão a Vitor Almeida, respeitado civilista, que me auxiliou em muitos momentos, ao grupo "Dicas do Itaim" do Facebook, que sugeriu temas para serem abordados a partir de suas experiências pessoais, a Izabella Flegner, que sugeriu parte das perguntas finais, visando tornar o livro bastante didático, e a Adriana Cruz, minha consultora para todos os assuntos do mundo.

Especial agradecimento deve ser feito a João Marcos Leite Farrel, estudante de Direito competente, detalhista e incansável, que fez várias revisões no texto original do livro, burilando-o, para torná-lo uma obra robusta, mas palatável para aqueles que não atuam na área jurídica e desejam se informar sobre os direitos decorrentes das uniões estáveis.

CONTEÚDO

Introdução	9
Requisitos para a união estável	15
Prazo mínimo de convivência	19
Necessidade de os conviventes residirem juntos	21
Acréscimo de sobrenomes	23
Estado civil dos companheiros	25
União estável heteroafetiva	27
União estável homoafetiva	29
União estável × casamento	33
União estável × namoro	35
Contrato de namoro	41
Formalização da união estável	47
Regimes de bens possíveis na união estável	51
Separação obrigatória de bens dos maiores de 70 anos	55
Como provar a união estável?	59
Conversão da união estável em casamento	61
A herança na união estável	63

8 UNIÃO ESTÁVEL

A dissolução da união estável	67
Direito real de habitação	69
Pensão alimentícia e união estável	71
Guarda de filhos após a dissolução da união estável	75
Regulamentação de visitação a animais após a dissolução da união estável	77
Uniões estáveis simultâneas e seus efeitos previdenciários	79
Reconhecimento da união estável após a morte de um dos companheiros	81
Universo *"sugar"* e união estável	83
Uniões estáveis poliafetivas	91
Perguntas e respostas	95
Referências	107
Indicações de vídeos	111

INTRODUÇÃO

O direito brasileiro, desde as origens, sempre se preocupou com as relações entre homens e mulheres formalizadas por meio do matrimônio, tendo o Código Civil de 1916 reconhecido apenas o casamento civil como meio de se constituir uma família legítima, não protegendo as uniões informais, mesmo que elas fossem públicas, contínuas, duradouras e com filhos comuns. Tal situação prejudicava principalmente as mulheres, que, muitas vezes, não trabalhavam fora, se vendo sozinhas, sem dinheiro e sem apoio quando seus companheiros faleciam.

Esse quadro era ainda mais grave entre casais homossexuais, pois o preconceito impedia que fossem discutidas as relações afetivas vividas pela comunidade LGBT,[1] que se via sem direitos, sem respeito e sem cidadania. Havia, também, grande injustiça em processos de reconhecimento de união estável após a morte de um dos conviventes, pois a herança, muitas vezes, era judicialmente destinada aos pais do falecido, sem que o companheiro sobrevivente tivesse direito

---

1 A autora registra que a sigla LGBT não abrange todas as identidades e expressões de gênero ou orientações sexuais. Sem embargo, optou-se por adotar a referência da Portaria do Ministério da Saúde n. 2.836, de 2011, com o objetivo de indicar que o texto não se limita a uniões heteronormativamente estruturadas.

10 UNIÃO ESTÁVEL

algum, mesmo tendo participado da formação do patrimônio do casal.

Com o passar dos anos, os tribunais começaram a reconhecer a união estável entre homens e mulheres como se ela fosse uma "sociedade de fato", tratando-os como sócios de uma mesma empresa, logo, se ambos tivessem auxiliado para a compra de um bem durante o relacionamento, em caso de separação ou morte, ele seria dividido. Mais tarde se admitiu que a companheira tivesse direito a parte do patrimônio de ambos, mesmo que não tivesse trabalhado fora de casa, desde que provasse que prestou serviços domésticos ou que educou os filhos do casal, mas, ainda aí, não tinha direito algum à herança.

Podemos ilustrar essa situação com um processo proposto por uma dona de casa que alegou ter convivido de 1972 a 1982 com seu ex-companheiro, com quem teve dois filhos, não tendo trabalhado, pois fazia serviços domésticos em casa e criava os filhos do casal. Quando procurou o Poder Judiciário, alegou que, em razão de sua idade avançada, não teria mais condições físicas para exercer qualquer profissão, pedindo que seu ex-companheiro lhe pagasse, a título de indenização, ao menos um salário mínimo mensal, até o fim da vida.

A ação foi julgada improcedente na primeira e segunda instâncias, pois se entendeu que a prestação de serviços em casa não teria sido comprovada por ela, assim como a sua contribuição financeira na formação do patrimônio comum. Em recurso ao Superior Tribunal de Justiça (STJ), houve a modificação da decisão, reconhecendo seu auxílio e lhe concedendo uma indenização.

Nos dias atuais, não mais se admite a ideia de indenizar uma companheira pelos "serviços prestados", o que soa absurdo e preconceituoso. Essa mudança de entendimento tem como fonte a Constituição de 1988, que chegou para mudar o tratamento dispensado às uniões estáveis (o texto fala apenas em união entre homem e mulher, mas o Supremo Tribunal Federal – STF equiparou as relações entre pessoas do mesmo sexo às uniões entre homens e mulheres).

A Constituição trouxe grande inovação em matéria de Direito de Família, passando a reconhecer outros modelos de entidades familiares que não os tradicionais, decorrentes do casamento, sendo previstas a família monoparental, formada por um só chefe de família e seus filhos, e a união estável, na qual os conviventes têm os mesmos direitos e deveres dos cônjuges (aqueles casados no papel), deixando para trás anos de incertezas e injustiças para numerosos companheiros, que muitas vezes eram chamados de "concubinos" (palavra cuja origem decorre do "ato de dividir o mesmo leito"). Esse termo, de carga pejorativa, era muito utilizado para denominar a relação das pessoas impedidas de se casar (uma delas ou ambas eram casadas), ou mesmo quando ambas viviam juntas, mas não haviam formalizado a união.

Em razão da grande confusão que o concubinato gerava nos meios sociais e jurídicos, os tribunais passaram a diferenciar o concubinato puro do concubinato impuro – o primeiro

12   UNIÃO ESTÁVEL

seria a relação em que nenhum dos dois tinha impedimento para o casamento (eram solteiros ou viúvos), e o segundo, aquela na qual um ou ambos eram casados com outra pessoa. Atualmente, o concubinato puro passou a ser chamado de união estável, enquanto permanece o chamado concubinato impuro, previsto no Código Civil com a simples expressão de "concubinato" (sem o "impuro"), que, segundo a lei vigente, é uma relação que não pode ser considerada como entidade familiar, em razão do impedimento para o matrimônio. Foi autorizado, entretanto, que pessoas separadas de fato (casadas no papel, mas que não vivam mais juntas) ou separadas judicialmente (pessoas apenas separadas na justiça, mas que não são divorciadas) possam ter uniões estáveis sem que essas relações sejam consideradas concubinato.

A diferença fundamental entre o casamento e a união estável se dá na sua formação: enquanto o casamento é reconhecido formalmente pelo Estado (ambos assinam os "papéis" do casamento) e acontece diante da autoridade competente, na união estável basta que o casal tenha um relacionamento duradouro, público e com o objetivo de constituir família para que ele exista e gere direitos para ambos, não sendo necessário nenhum contrato prévio, apesar de um documento escrito ser aconselhável, principalmente para provar a sua existência, fixar o período de sua duração, escolher o regime de bens e facilitar a partilha deles, em caso de separação ou morte.

A primeira regulamentação da união estável se deu no ano de 1994 (Lei n. 8.971/1994), tendo sido definido que seriam "companheiros" o homem e a mulher com união comprovada, desde que tivessem o estado civil de solteiros, separados judicialmente, divorciados ou viúvos (proibindo o reconhecimento do concubinato impuro), a relação perdurasse por, pelo menos, cinco anos ou o casal tivesse filhos comuns, assim como se fazia necessária a prova da colaboração financeira para que um convivente tivesse direito à metade dos bens do outro.

Em 1996, foi editada nova lei (Lei n. 9.278/96), reconhecendo como entidade familiar a convivência duradoura, pública e contínua de um homem e uma mulher, estabelecida com objetivo de constituição de família. Observa-se, portanto, não estarem mais presentes os requisitos dos cinco anos de convivência, nem a necessidade de prole comum para que estivesse configurada a união estável.

No que se refere à parte patrimonial, a lei determinou que os bens móveis e imóveis adquiridos por um ou por ambos os conviventes, na constância da união estável e a título oneroso (bens que não foram herdados ou recebidos em doação), são considerados fruto do trabalho e da colaboração comum, passando a pertencer a ambos, em condomínio e em partes iguais, salvo estipulação contrária em contrato escrito.

Com a chegada do Código Civil de 2002, a união estável, que acontece no mundo dos fatos, mas muitas vezes não tem um documento a comprová-la, poderá ser comprovada mediante a convivência pública, contínua e duradoura e estabelecida entre ambos com o objetivo de constituir família (viver

14 UNIÃO ESTÁVEL

como se casados fossem). A nova lei proibiu a possibilidade de reconhecimento de união estável entre pai e filho, sogro e nora, sogra e genro, madrasta e enteado, padrasto e enteada, adotante com quem foi cônjuge do adotado e o adotado com quem o foi do adotante, irmãos, unilaterais ou bilaterais, adotado com o filho do adotante, cônjuge sobrevivente com o condenado por homicídio ou tentativa de homicídio contra o seu consorte e as pessoas casadas, permitindo, entretanto, a união estável entre pessoas casadas no papel, mas, de fato, separadas.

REQUISITOS PARA A UNIÃO ESTÁVEL

A união estável é uma situação de fato que acabou ganhando proteção jurídica no Brasil, mas ela ainda gera muitas incertezas para aqueles que pretendem comprová-la, já que, por ser uma situação fática, ela precisa ser demonstrada para, só aí, produzir seus efeitos – apenas as circunstâncias do caso concreto é que indicarão se existe, efetivamente, uma união estável.

A lei civil brasileira lista os requisitos para que uma relação possa ser considerada como união estável, sendo indispensável que ela seja pública, contínua e duradoura, além de ter se estabelecido com o objetivo de constituição de família.

Os requisitos de convivência pública, contínua e duradoura importam em dizer que deverá haver um relacionamento íntimo, a convivência deverá ser ostensiva, não podendo ser ela clandestina, com encontros furtivos e secretos. Não há impedimento para que os conviventes tenham uma união discreta, mas é indispensável que dela tenha conhecimento, ao menos, o círculo social dos conviventes.

A relação precisa ser, também, *contínua*, isto é, não poderá ser eventual e esporádica, ou acontecendo apenas em curto espaço de tempo, valendo ressalvar que relações sexuais, sem a intenção de constituição de família, não têm o poder de caracterizar, por si só, uma união estável.

Para que haja uma união estável homoafetiva (pessoas do mesmo sexo) ou heteroafetiva (pessoas de sexo diferente), a convivência deverá ser pública, contínua e duradoura e estabelecida com o objetivo de constituir família.

Quanto ao objetivo de constituir família, ele deve ser compartilhado por ambas as partes, podendo ser comprovado pelo comportamento dos conviventes, que devem se conduzir como se casados fossem.

Um ponto fundamental a ser esclarecido é que o plano de ter filhos comuns não é, nem pode ser, requisito para que se considere que ambos tenham o desejo de constituir família. Mesmo que não se planejem filhos comuns, ou quando eles não se concretizem, ou ainda para casais em idade infértil, poderá existir o objetivo de constituir família, bastando que vivam juntos com a intenção de partilharem a vida, com interesses comuns, lealdade, respeito, assistência recíproca, enfim, desde que vivam, efetivamente, como uma família.

PRAZO MÍNIMO DE CONVIVÊNCIA

Ao contrário do que muita gente pensa e difunde nos meios sociais, a lei civil não fixa um período mínimo de convivência para o reconhecimento da união estável, nem a existência de filhos comuns, bastando a vida em comum, de forma pública e contínua, com intuito de constituir família.

É importante informar, entretanto, que o Instituto Nacional do Seguro Social (INSS) exige, para fins exclusivamente previdenciários, a comprovação de convivência mínima de dois anos entre os companheiros para a concessão de pensão por morte, o que fica limitado aos fins previdenciários, não se aplicando à divisão de bens, prestação de alimentos, herança ou direito real de habitação (que explicaremos mais adiante).

Tendo em vista que a lei não fixa elementos objetivos, como prazo mínimo ou existência de filhos, para que se saiba se aquele relacionamento é uma união estável, acabam pairando muitas dúvidas entre os casais, que preferem levar a questão ao Poder Judiciário. Este, após analisar caso a caso as provas apresentadas, sentencia o processo, dizendo o Direito para aquele caso específico. Em um julgamento recente sobre o prazo de convivência, o Superior Tribunal de Justiça (STJ) definiu que o "namoro de dois meses com coabitação de duas semanas não é suficiente para evidenciar a estabilidade de um relacionamento como união estável".

NECESSIDADE DE OS CONVIVENTES RESIDIREM JUNTOS

Para a configuração da união estável, não há qualquer exigência legal de que os conviventes residam na mesma moradia. A convivência sob o mesmo teto pode ser um dos fundamentos a demonstrar a relação comum, mas a sua ausência não afasta, de imediato, a existência da união estável.

Conforme entendimento já solidificado pelo Supremo Tribunal Federal (STF), a vida em comum sob o mesmo teto não é indispensável à caracterização da união estável, sendo essencial, tão somente, a existência de uma relação pública, contínua e duradoura, assim como a intenção inequívoca de constituir família, de ter uma vida comum, como se casados fossem, havendo a assistência moral e material e a comunhão de vidas.

A lei brasileira não fixa período mínimo de convivência para o reconhecimento da união estável e não exige que o casal more debaixo do mesmo teto.

ACRÉSCIMO DE SOBRENOMES

No que se refere à possibilidade de acréscimo do sobrenome nas uniões estáveis, em julgado ocorrido em 2012 o Superior Tribunal de Justiça (STJ) autorizou uma mulher a ter o sobrenome alterado pela inclusão do sobrenome do companheiro, com quem vivia por trinta anos. Atualmente, aplicam-se à união estável as mesmas regras do casamento no tocante ao acréscimo do sobrenome, ou seja, qualquer um dos companheiros, querendo, poderá acrescer ao seu o sobrenome do outro.

ESTADO CIVIL DOS COMPANHEIROS

Muito se tem debatido, ultimamente, a necessidade de haver um estado civil próprio para aqueles que vivam em união estável, já que, ao contrário do casamento, em que há a mudança do estado civil dos cônjuges, que passam a ostentar o estado civil de casados, na união estável os conviventes permanecem com o mesmo estado civil de antes, mesmo com o registro da escritura de união estável em cartório. O mesmo ocorre por ocasião do falecimento de um dos conviventes, quando o sobrevivente não será considerado viúvo, mas manterá o estado civil anterior.

UNIÃO ESTÁVEL HETEROAFETIVA

A Constituição Federal de 1988 faz alusão à união estável, porém a reconhece, expressamente, apenas nas relações entre o homem e a mulher.

O Código Civil de 2002, ao disciplinar os requisitos para a união estável, também se refere à relação entre um homem e uma mulher.

Apesar de essas normas somente terem feito referência expressa aos casais heteroafetivos (pessoas de sexos diferentes) como sendo aptos a constituir uma união estável, em decisão de 5 de maio de 2011, o Supremo Tribunal Federal (STF) concedeu os mesmos direitos e deveres aos companheiros de uniões de pessoas do mesmo sexo, conforme analisaremos no próximo tópico.

UNIÃO ESTÁVEL HOMOAFETIVA

É importante frisar que o Código Civil e a Constituição Federal mencionaram apenas a relação afetiva entre o homem e a mulher para o efeito de constituição de uniões estáveis, mas, em julgamento histórico, o Supremo Tribunal Federal (STF) julgou procedente a ADI n. 4.277 e a ADPF n. 132.

A Ação Direta de Inconstitucionalidade 4277 pretendia o reconhecimento da união entre pessoas do mesmo sexo como entidade familiar, assim como a declaração de que os mesmos direitos e deveres dos companheiros nas uniões estáveis fossem estendidos aos companheiros nas uniões entre pessoas do mesmo sexo. Na Arguição de Descumprimento de Preceito Fundamental 132, o estado do Rio de Janeiro pediu que o STF aplicasse o regime das uniões estáveis às uniões homoafetivas de funcionários públicos civis do Rio de Janeiro, ocasião em que todos os ministros reconheceram a união homoafetiva como entidade familiar, aplicando-lhe o mesmo regime da união estável entre homem e mulher.

Em 2013, foi editada uma resolução do Conselho Nacional de Justiça (CNJ) obrigando todos os cartórios do Brasil a realizarem casamentos e converterem uniões estáveis em casamentos entre pessoas de mesmo sexo, dizendo a norma que a recusa implicaria imediata comunicação ao respectivo juiz corregedor para as providências cabíveis.

30 UNIÃO ESTÁVEL

O Instituto Nacional do Seguro Social (INSS) passou a reconhecer, expressamente, o direito à pensão pela morte de companheiros do mesmo sexo, por meio da Instrução Normativa INSS n. 45/2010, e a Receita Federal também passou a admitir que contribuintes cujas uniões estáveis homossexuais tenham mais de cinco anos possam incluir seus parceiros na declaração do Imposto de Renda da Pessoa Física como dependentes.

Registre-se, ainda, que o CNJ concedeu, em agosto de 2014, licença de casamento a um técnico judiciário que apresentou certidão de união homossexual emitida por cartório. A partir de então, o mesmo posicionamento pôde ser adotado por toda a Justiça Federal. A licença gala possibilita a ausência do trabalho pelo prazo de oito dias consecutivos, devendo, para poder usufruir desse benefício, ser apresentado pelo servidor o registro dessa união, tanto no momento de sua constituição quanto de sua dissolução.

Atualmente, as uniões homoafetivas, da mesma forma que as heteroafetivas, são consideradas uniões estáveis desde que atendam aos critérios previstos na lei, quais sejam: haja convivência pública, contínua e duradoura e a intenção de constituir família. Portanto, os casais homossexuais têm os mesmos direitos e deveres conferidos aos casais heterossexuais.

Em 2018, a Organização das Nações Unidas para Educação, Ciência e Cultura (Unesco) certificou a decisão do STF que equiparou a união estável entre pessoas do mesmo sexo à união entre casais heterossexuais como patrimônio documental da humanidade. Os acórdãos dos julgamentos serão inscritos no Registro Nacional do Brasil do Programa Memória do Mundo da Unesco (MoW-Unesco).

UNIÃO ESTÁVEL × CASAMENTO

O casamento é um ato solene, que exige a manifestação escrita de vontade das partes, realizado em cartório, por autoridade competente, com a celebração de um contrato que tem publicidade, altera o estado civil das partes – que passam a ser "casados" – e tem na certidão de casamento a prova da existência e da data de início dessa relação. A união estável é uma situação de fato, muitas vezes não documentada por meio de contrato, em que duas pessoas vivem como se casadas fossem, de forma contínua, duradoura e pública.

Tanto no casamento como na união estável o casal pode escolher o regime de bens que desejar, mas, quando o regime escolhido não for o da comunhão parcial de bens, deverá ser realizado o pacto antenupcial, no casamento, e ser assinado o contrato escrito na união estável. Caso não seja feita essa escolha, o regime aplicado será o da comunhão parcial de bens.

Muitos optam pelo casamento em relação à união estável por considerá-lo mais seguro, pois pode haver dificuldade em comprovar a união estável e, em alguns casos, mesmo que a sua existência seja provada, poderá não ser fácil saber ao certo em que data ela começou, o que ocorre, com muita frequência, por exemplo, quando namorados vão morar juntos e, em dado momento, o relacionamento muda de namoro para união estável, ou quando um acha que está namorando

34 UNIÃO ESTÁVEL

e o outro pensa estar vivendo em união estável – tal situação de insegurança não ocorre no casamento, pois há a certidão de casamento que comprova a existência do casamento e a data de seu início, facilitando, inclusive, a divisão de bens em caso de separação ou morte, já que se saberá, ao certo, se na época em que os bens foram comprados o casamento já havia se iniciado.

Por fim, é importante informar que tanto na união estável como no casamento há os mesmos direitos e deveres, como respeito, assistência e guarda, lealdade, sustento e educação dos filhos, além do direito à pensão alimentícia, que inclui alimentação, moradia, educação, vestuário e lazer.

UNIÃO ESTÁVEL × NAMORO

Muitas pessoas têm dúvidas se um mero namoro poderá ser confundido com uma união estável, principalmente pelo fato de a coabitação (morar junto) não ser um requisito para que ela se configure.

A lei brasileira não conceitua o namoro, nem lhe atribui efeitos jurídicos, e sabemos que as relações entre os namorados podem ter os mais variados tipos e formatos e podem ter diferentes regras, rotinas e graus de intimidade. Sabemos, também, que nos namoros de hoje em dia as pessoas viajam juntas, dormem juntas e, muitas vezes, moram juntas, sem que ambos se considerem casados, mas apenas namorados.

Ocorre que a lei, talvez buscando uma liberdade maior, evitando aprisionar a união estável em definições rígidas e requisitos estáticos (como o tempo mínimo de convivência ou a moradia conjunta), acabou gerando insegurança e instabilidade para aqueles que temem que seus namoros possam ser confundidos com uniões estáveis.

Imaginemos que Maria, 30 anos, e João, 30 anos, estejam namorando há cinco anos e residam, cada um, em sua própria casa, mas, semanalmente, a partir das quartas-feiras, João se muda para a casa de Maria, permanecendo ali até o domingo à noite, quando volta para a sua residência. O relacionamento de ambos é público, já que são reconhecidos socialmente

36 UNIÃO ESTÁVEL

como um casal, se identificando nas redes sociais como "em uma relação séria", e o namoro é contínuo e duradouro – romperam apenas uma vez, permanecendo menos de uma semana separados. Pergunta-se: eles vivem um namoro ou uma união estável?

Segundo o Código Civil, o reconhecimento de união estável dependerá da presença dos seguintes requisitos: relacionamento público, contínuo, duradouro e com o objetivo de constituição de família. Analisando o exemplo de Maria e João, parece-nos que a relação é pública, contínua e duradoura, que são fatores menos subjetivos do que o tal "objetivo de constituir família".

Quando a lei fala em "objetivo de constituir família", muita gente tem dúvidas sobre o alcance dessa expressão tão imprecisa, sendo necessário pontuar que o desejo de constituir família deverá sempre ser contemporâneo à união, não podendo ser um desejo futuro, sob pena de não se ter configurada a união estável.

Diante dessa reflexão, parece difícil saber se a união de Maria e João é um mero namoro ou uma união estável, pois, apesar de presentes os três primeiros elementos da união estável, o desejo de constituir família não transparece facilmente para aqueles que convivem com o casal, sendo necessário investigar o desejo pessoal de cada um deles, a fim de desvendar a presença desse quarto elemento.

Essa intenção de constituir família é um critério subjetivo, sendo objeto de dissidência até mesmo entre juízes, que não têm uma resposta única sobre o que isso seja, o que gera bastante insegurança para aqueles que tenham relacionamentos estáveis em geral.

No ano de 2015, o STJ deu provimento ao recurso de um homem que alegava que o período de mais de dois anos de relacionamento que antecedeu o casamento entre ele e a ex-mulher teria sido de namoro, e não de união estável. Antes de se casarem, o então namorado havia adquirido um imóvel, e ela pedia a divisão do bem. O ex-marido perdeu a ação na primeira instância e interpôs recurso de apelação, que acabou sendo acolhido pelo voto da maioria dos votantes. Como o julgamento não foi unânime, a ex-mulher apresentou recurso, ganhando em parte, o que fez com que seu ex-marido recorresse ao Superior Tribunal de Justiça (STJ).

Segundo consta dos autos do processo, quando o casal namorava, ele aceitou oferta de trabalho e mudou-se para o exterior, sendo que, meses depois, em janeiro de 2004, a namorada foi estudar fora e morou com ele no mesmo imóvel. Ainda fora do Brasil, acabaram por ficar noivos (em outubro de 2004), voltando para cá em agosto de 2005, ocasião em que ele comprou, com dinheiro próprio, um apartamento para que ambos residissem. Em setembro de 2006, casaram-se sob o regime da comunhão parcial de bens, divorciando-se dois anos depois.

A ex-mulher, alegando que no período entre sua ida para o exterior e a celebração do casamento teria vivido uma união estável, requereu, além do reconhecimento da união estável, a divisão do apartamento. Tal pedido foi negado pelo relator do processo, que entendeu não ter havido verdadeira união estável, "mas sim namoro qualificado, em que, em virtude do estreitamento do relacionamento, projetaram, para o futuro – e não para o presente –, o propósito de constituir entidade familiar". De acordo com o relator do processo, a formação da família, em que há o "compartilhamento de vidas, com irrestrito apoio moral e material", tem de ser concretizada, não apenas planejada por ambos, para que se configure a união estável.

> *Tampouco a coabitação, por si, evidencia a constituição de uma união estável (ainda que possa vir a constituir, no mais das vezes, um relevante indício), especialmente se considerada a particularidade dos autos, em que as partes, por contingências e interesses particulares (ele, a trabalho; ela, pelo estudo) foram, em momentos distintos, para o exterior, e, como namorados que eram, não hesitaram em residir conjuntamente. Este comportamento, é certo, revela-se absolutamente usual nos tempos atuais, impondo-se ao Direito, longe das críticas e dos estigmas, adequar-se à realidade social.*

Em outro julgamento, também realizado em 2015, ficou decidido que, se a namorada não possuía a chave da casa do namorado e não deixou lá nenhum objeto pessoal, ficava claro que o parceiro não confiava nela, tampouco tinha a intenção de constituir família.

No caso levado ao Poder Judiciário, em que a mulher pretendia o reconhecimento de união estável com um homem já falecido, seus herdeiros argumentaram que eles teriam mantido apenas uma relação de namoro, com algumas interrupções, não estando mais juntos quando houve o falecimento, reconhecendo-se, entretanto, que ele a ajudou financeiramente, mas que ele agia da mesma forma com diversas pessoas, juntando como prova a declaração de Imposto de Renda do morto com a prova de que sua antiga namorada lhe devia dinheiro.

O relator do caso entendeu que o ex-namorado "não tomou qualquer atitude para tornar definitiva essa relação amorosa, pois, diferente do que acontece com os jovens, não havia o que esperar para constituir família, ou, garantir algum conforto para sua namorada, doze anos mais nova".

Por fim, concluiu-se que a mulher manteve "simples namoro com o falecido".

Os casos narrados demonstram claramente a linha tênue entre os institutos do namoro e da união estável, havendo distinção entre eles apenas no que se refere ao desejo de constituir família, o que tem provocado a corrida de casais de namorados aos cartórios para celebrarem contratos de namoro, buscando, com isso, se protegerem contra um possível entendimento de que seu relacionamento não seria um namoro, mas uma união estável, com toda a diferença de tratamento jurídico que ambos têm.

O namoro qualificado é um relacionamento no qual a expectativa de constituição da família é futura, enquanto na união estável ambos sentem que a família já está constituída.

CONTRATO DE NAMORO

Com o reconhecimento das uniões estáveis pela Constituição Federal, pelas leis federais e pelos tribunais superiores, que conferiu aos conviventes os mais variados direitos, cresceu a insegurança de que os namoros possam ser confundidos com união estável, o que poderia impactar o patrimônio das partes na hipótese de uma separação e, também, no caso de um dos dois falecer na vigência da relação, já que há uma fina linha a diferenciar a união estável dos namoros de hoje em dia.

Em razão dessa situação gerar tantas incertezas, tem surgido, mais recentemente, uma busca pelos contratos de namoro, registrados em cartório, para que fique evidenciado que ambos não desejam que aquela relação seja confundida com uma verdadeira união estável, sobretudo sob o viés patrimonial, declarando que estão juntos, mas não pretendem constituir família.

Apesar de haver um número cada vez maior de contratos dessa espécie, não é pacífico o entendimento dos tribunais acerca da sua aceitação, havendo quem os defenda e os que advogam a sua invalidade. O mais importante, porém, e que não se pode deixar de levar em consideração, é que, mesmo que haja contrato de namoro, predominará sempre a realidade, não podendo ela ser ignorada por um simples contrato as-

42 UNIÃO ESTÁVEL

sinado, aplicando-se nesses casos o princípio da primazia da realidade.

Significa dizer que, se você tem um contrato de namoro assinado, isso poderá facilitar a produção da prova, na hipótese de seu ex-namorado/namorada pretender buscar na justiça uma pensão alimentícia ou a divisão dos bens adquiridos durante o período em que estiveram juntos, mas isso não significa que esse documento, por si só, lhe garantirá uma decisão judicial reconhecendo que o vínculo que os unia era de namoro, já que sempre preponderará, no Poder Judiciário, a realidade.

Há algumas situações em que o contrato de namoro comprova que, efetivamente, o casal apenas namorava na data em que ele foi assinado, mas, tempos depois, o relacionamento teria evoluído para uma união estável, situação na qual o simples contrato não impedirá que o relacionamento possa ser reconhecido como tal, com as consequências econômicas daí decorrentes.

Do mesmo modo que um contrato de namoro não pode garantir que a relação era, de fato, um namoro, a simples existência de escritura de união estável é insuficiente para provar que a relação era, efetivamente, uma união estável.

Para ilustrar o que foi dito, vale citar julgamento proferido pelo Tribunal de Justiça do Estado do Rio Grande do Sul, em ação de dissolução de união estável proposta por LW contra LCT (os nomes das partes foram protegidos em razão do segredo de justiça). O autor da ação afirmou que firmou escritura pública de união estável e, posteriormente, a mulher abandonou o lar, necessitando da dissolução de união estável, já que estaria vivendo um novo relacionamento, com planos de casar, mas que "teme que a escritura pública firmada com antiga esposa lhe cause ainda mais problemas, tanto na esfera cível como na criminal". Afirmou, também, que não estava pleiteando o reconhecimento da união estável, que no seu entender já estaria demonstrada pela escritura pública, mas apenas sua dissolução, pois não poderia aguardar eternamente o reaparecimento da sua "ex-esposa".

A ação foi julgada improcedente pelo juiz de primeira instância. Foi apresentada apelação e o relator do recurso entendeu que a decisão do juiz não deveria ser reformada, porque o reconhecimento da união estável dependeria da demonstração de seus elementos caracterizadores essenciais, que seriam a publicidade, a continuidade, a estabilidade e o objetivo de constituição de família, mas as provas dos autos do processo não comprovaram que o relacionamento dos dois seria uma união estável, já que ela teria perdurado por curtíssimo período de tempo, apenas seis meses, o que, por si só, demonstraria o desatendimento aos pressupostos de durabilidade, estabilidade e seriedade inerentes ao objetivo de constituir família.

No final do seu voto, o relator afirmou que, embora as partes tenham firmado em 6 de junho de 2014 escritura pública declarando que viviam em união estável desde 3 de fevereiro de 2014, isso não teria o poder, por si só, de levar ao reconhecimento de que a relação seria, de fato, uma união estável.

Mesmo havendo contrato de namoro assinado, predominará sempre a realidade, não tendo ele validade se o casal tiver, na verdade, uma união estável.

Voltando ao contrato de namoro, na hipótese de ele ser levado ao Poder Judiciário, e uma vez declarado que a relação do casal constituía verdadeira união estável, os bens do casal passam a ser regidos pelo regime da comunhão parcial de bens. Dessa forma, aqueles adquiridos de forma onerosa durante o relacionamento (bens comprados) deverão ser partilhados de forma igualitária em caso de separação.

Essa falta de objetividade da lei para definir os requisitos das uniões estáveis tem criado uma situação inusitada e ilegal: alguns casais de namorados, por se sentirem inseguros com as incertezas geradas pelos contratos de namoro, têm buscado os cartórios para celebrar contratos de união estável que, mesmo não refletindo a realidade, visam resguardar seus respectivos patrimônios em caso de separação.

A decisão de celebrar o contrato de união estável fraudulento visa permitir ao casal a escolha do regime de separação total de bens, para que, na hipótese de separação, cada um saia da relação apenas com seus bens pessoais.

Essa atitude, além de ilegal, por fazer declaração de fato inverídico, poderá gerar o dever de pagar alimentos, além de gerar direito à herança, na hipótese de um dos dois falecer durante a relação, já que, após o julgamento do Recurso Extraordinário 878.694-MG pelo Supremo Tribunal Federal (STF), foi reconhecida a equiparação, para efeitos de herança, entre os direitos do cônjuge e do companheiro, passando esse último a ser herdeiro necessário do companheiro falecido,

46 UNIÃO ESTÁVEL

concorrendo, em igualdade de condições, com os descendentes e ascendentes do falecido (falaremos disso mais adiante).

Por fim, é importante lembrar que o direito à herança do companheiro sobrevivente não deixa de existir pelo fato de os conviventes terem elegido o regime da separação de bens, mediante contrato de união estável, pois o companheiro é herdeiro necessário. Esse foi o entendimento do Superior Tribunal de Justiça (STJ), que reconheceu a condição de herdeira necessária à viúva casada sob o regime de separação convencional de bens, uma vez que o Código Civil somente afastou da sucessão aqueles casados sob o regime da separação obrigatória de bens.

FORMALIZAÇÃO DA UNIÃO ESTÁVEL

A união estável pode existir independentemente de estar formalizada em contrato. Entretanto, caso haja interesse em registrá-la em cartório, isso poderá ser feito mediante escritura pública de declaração de união estável ou de contrato particular.

Muito se discutiu sobre a necessidade de o contrato de união estável que preveja regime de bens diferente da comunhão parcial de bens ser feito por meio de escritura pública, mas o Superior Tribunal de Justiça (STJ) decidiu que apenas para casamentos formais ela seria necessária, bastando um contrato escrito para a validade do contrato de convivência, sem necessidade de nenhum ato em cartório.

Tendo em vista que a união estável começa quando os conviventes passam a ter um relacionamento público, duradouro, contínuo e objetivando a constituição de uma família, e que essa informalidade, às vezes, não permite que se saiba, exatamente, a data do início e do final do relacionamento, a celebração do contrato pode ser importante para dar mais segurança aos conviventes, que terão maior tranquilidade para comprovar a união e facilidade para a inclusão de dependentes em planos de saúde e seguros de vida.

A formalização da união estável também auxilia na escolha do regime de bens, já que, na hipótese de não haver

Para a validade do contrato de convivência, bastará que ele seja escrito, não sendo necessária a escritura pública. Quando o contrato não previr outro regime de bens, será aplicada a comunhão parcial de bens.

contrato ou nele não haver nenhuma menção ao regime de bens, será adotado, como padrão, o regime da comunhão parcial de bens.

REGIMES DE BENS POSSÍVEIS NA UNIÃO ESTÁVEL

Regime da comunhão parcial de bens

Os bens adquiridos de forma onerosa (compra e venda, excluindo as doações e heranças) durante a união se comunicam, ou seja, tudo o que for comprado durante o período de convívio será dos dois, independentemente de quem tenha pagado pelo bem, excluindo-se aqueles bens ou dinheiro que já tinham antes da união (bens particulares), os recebidos após a união por doação a apenas um dos conviventes ou herança, os proventos do trabalho de cada um e os de uso pessoal. Os bens comprados com o dinheiro decorrente da venda de bens particulares também não fazem parte do patrimônio do casal – por exemplo, se um dos dois comprou bens usando o dinheiro que já tinha antes da convivência (bens particulares), esses bens não serão divididos, sendo aconselhável que esse fato seja documentado e ambas as partes assinem a declaração, ou façam constar da escritura de compra e venda a origem dos valores. Um detalhe que muita gente desconhece é que, em caso de morte, o companheiro terá direito à meação dos bens comuns e será herdeiro dos bens particulares

52 UNIÃO ESTÁVEL

(aqueles anteriores ao casamento ou recebidos em doação), concorrendo com os descendentes ou ascendentes.

Uma dúvida muito comum entre casais unidos pela comunhão parcial de bens diz respeito ao direito de companheiros e cônjuges participarem da metade da indenização trabalhista recebida durante o casamento ou união estável.

O Superior Tribunal de Justiça (STJ) decidiu que as verbas indenizatórias decorrentes da rescisão de contrato de trabalho só devem ser excluídas da comunhão parcial de bens quando o direito trabalhista tiver nascido ou tiver sido requerido após a separação do casal – logo, mesmo que eles já tenham se separado, se o direito foi adquirido durante a união, o outro terá direito a metade da indenização. Por fim, é importante registrar que, quando não houver contrato de união estável escolhendo outro regime de bens, será aplicada a comunhão parcial de bens.

Regime da comunhão universal de bens

Todos os bens, mesmo os anteriores ao casamento, serão parte do patrimônio dos conviventes, independentemente de cada uma das partes haver ou não auxiliado financeiramente para a sua aquisição. Há pequenas ressalvas sobre algumas situações específicas, como os bens deixados em testamento, com cláusula de incomunicabilidade (cláusula que impede que o cônjuge do herdeiro indicado no testamento seja, também,

A escolha do regime de bens significa decidir como será a divisão do patrimônio na hipótese de separação e morte – quando não houver contrato de união estável escolhendo outro regime de bens, será aplicada a comunhão parcial de bens.

beneficiário daquela herança, mesmo que casados pelo regime da comunhão universal de bens) e os que os substituem. Para que se adote este regime de bens, é necessário que conste expressamente do contrato de união estável.

Regime de separação de bens

Cada convivente terá seu patrimônio separado e, em caso de dissolução da união estável, cada um ficará com o que é seu; mas, se um dos dois falecer durante a união, o outro será herdeiro necessário dos bens particulares do morto. Esse tipo de regime é obrigatório para casamentos entre maiores de 70 anos. Para que se adote esse regime de bens, é necessário que conste expressamente do contrato de união estável.

Regime de participação final de aquestos

É uma novidade trazida pelo novo Código Civil em que os bens são de propriedade daquele em cujo nome está registrado, podendo seu titular administrá-los livremente, como se o regime fosse o da separação de bens, mas, em caso de separação ou morte, eles serão divididos como na comunhão parcial. Esse regime dá bastante autonomia para que cada um administre seus bens, sem a necessidade do outro, podendo, inclusive, vendê-los durante a união. Para que se adote este regime de bens, é necessário que conste expressamente do contrato de união estável.

SEPARAÇÃO OBRIGATÓRIA DE BENS DOS MAIORES DE 70 ANOS

O Código Civil, visando proteger as pessoas com mais de 70 anos dos casamentos e uniões estáveis realizados por interesse, editou o artigo 1641, II, que prevê que elas somente poderão se casar e ter relacionamentos estáveis sob o regime da separação obrigatória de bens. Vale ressaltar que esse limite de idade, durante a vigência do Código Civil de 1916, era de 50 anos para mulheres e 60 para homens, mas, depois que a Constituição Federal de 1988 igualou homens e mulheres em direitos e obrigações, foi revogada a distinção de idades.

Muito se discute se a lei não teria ferido a liberdade de escolha, ao reconhecer, implicitamente, que o envelhecimento, puro e simples, incapacitaria a pessoa para casar ou estabelecer união estável com o regime de bens que desejar.

A intenção do legislador foi a de proteger os idosos dos famosos "golpes do baú", mas a lei parece sugerir que homens e mulheres de 70 anos não teriam discernimento para escolher seus companheiros ou que esses somente estariam interessados em suas fortunas.

É verdade que tal situação pode ocorrer, e realmente ocorre, mas será que a lei deve presumir a incapacidade dessas pessoas e dizer, ela mesma, a forma de partilha dos bens do casal, em caso de separação ou morte de um dos dois?

56 UNIÃO ESTÁVEL

É importante registrar que, na separação obrigatória de bens, em caso de dissolução da união, deverá ser aplicada a Súmula 377 do STF, que determina que os bens adquiridos durante a união devem ser divididos pelo casal, e aqueles que já eram de propriedade de um deles anteriormente ao relacionamento pertencem apenas àquele que o adquiriu.

É relevante informar, contudo, que há julgados exigindo que a parte comprove o esforço comum para que tenha direito a parte dos bens adquiridos durante a relação.

Em caso de falecimento de um dos companheiros quando a união se deu após os 70 anos de idade, se houver descendentes, o companheiro sobrevivente não será herdeiro, mas, se o morto tiver deixado apenas ascendentes, o companheiro sobrevivente terá direito à herança na mesma proporção que os ascendentes.

O posicionamento do STF de que os bens adquiridos durante a união serão divididos pelo casal acabou por desproteger as pessoas maiores de 70 anos, já que prevê a comunhão parcial dos bens adquiridos durante a união, desde que comprovado o esforço comum na sua compra, gerando o seguinte questionamento: seria admissível, nesses casos, a celebração de pacto antenupcial estabelecendo regime de bens diferente? Muitos entendem que o pacto somente será válido se estabelecer a separação de bens, pois o espírito da lei será preservado (proteger os maiores de 70 anos), não sendo válido o pacto que preveja o regime da comunhão universal, comunhão parcial de bens ou de participação final nos aquestos.

Diante da dúvida que ainda paira sobre a possibilidade da realização de pacto antenupcial para maiores de 70 anos, foi editado o Provimento 8 de 2016 da Corregedoria Geral de Justiça de Pernambuco, dizendo que o cartório deverá informar da possibilidade de afastar a aplicação da súmula 377 do STF, por meio de pacto antenupcial. O mesmo aconteceu em São Paulo, onde a Corregedoria Geral da Justiça também permitiu a celebração do pacto antenupcial nos casos de separação obrigatória de bens, desde que ele preveja a incomunicabilidade total dos bens adquiridos durante a união, afastando a incidência da súmula 377.

Muitos juristas consideram inconstitucional a obrigatoriedade do regime da separação de bens para os maiores de 70 anos, tendo sido, inclusive, editado um enunciado (n. 125 da I Jornada de Direito Civil) que pede a sua revogação, por ser manifestamente inconstitucional e ferir a dignidade da pessoa humana, um dos fundamentos da República, pois introduz um preconceito quanto às pessoas idosas, que, somente pelo fato de ultrapassarem determinado patamar etário, passam a gozar da presunção absoluta de incapacidade para casar ou contrair união estável pelo regime de bens que desejarem.

COMO PROVAR A UNIÃO ESTÁVEL?

A união estável, ao contrário do que ocorre com o casamento, não precisa de nenhuma formalização para existir, mas há muitas situações em que é necessário fazer a prova da sua existência, seja junto a órgãos públicos, seja em empresas privadas, como pode ocorrer no caso de inclusão da companheira como dependente no plano de saúde.

Visando essa comprovação, os conviventes podem celebrar o contrato de união estável ou pedir ao juiz a declaração de existência da união, valendo-se, para isso, da produção de prova testemunhal e da juntada de documentos, como exemplificamos a seguir, que devem refletir a realidade e poderão ser considerados como princípios de prova:

1. Comprovação de dependência emitida por autoridade fiscal ou órgão correspondente à Receita Federal.

2. Testamento com destinação de legado ou herança ao interessado.

3. Fotografias do casal.

4. Escritura de compra e venda, registrada no Registro de Propriedade de Imóveis, em que constem os interessados como proprietários, ou contrato de locação de imóvel em que figurem como locatários.

60 UNIÃO ESTÁVEL

5. Prova de comunhão nos atos do dia a dia.
6. Perfis em redes sociais.
7. Certidão de nascimento de filho comum.
8. Procuração reciprocamente outorgada.
9. Certidão de casamento religioso.
10. Contas bancárias conjuntas.
11. Título de clube em que o interessado seja dependente.
12. Plano de saúde em que conste o nome do interessado como dependente.
13. Apólice de seguro em que o interessado seja listado como beneficiário.
14. Contas no mesmo endereço.
15. Contrato de estabelecimento de ensino, frequentado pelo interessado, em que o suposto companheiro figure como responsável financeiro.

CONVERSÃO DA UNIÃO ESTÁVEL EM CASAMENTO

A Constituição Federal, em seu artigo 226, equiparou a união estável ao casamento, dispondo em seu parágrafo 3º que "é reconhecida a união estável entre o homem e a mulher, como entidade familiar, devendo a lei facilitar sua conversão em casamento". Diante disso, há a possibilidade de os conviventes homoafetivos ou heteroafetivos irem ao cartório para pedir a conversão da união estável em casamento, quando, mesmo sem realização da cerimônia, é feito o processo de habilitação e, após, os conviventes passam para o estado civil de casados.

A HERANÇA NA UNIÃO ESTÁVEL

A herança constitui-se no conjunto de bens, direitos e obrigações que uma pessoa falecida deixa aos seus herdeiros, existindo duas espécies de sucessão: a legítima (aquela que segue a ordem de herdeiros listada na lei) e a testamentária (a herança, desde que respeitada a lei, seguirá o desejo do falecido escrito no testamento).

Antes do Código Civil de 2002, vigoravam duas leis que tratavam da união estável no Brasil, a 8.971/94 e a 9.278/96. Elas regulamentavam a Constituição Federal, que diz que a família, base da sociedade, tem especial proteção do Estado e, para efeito da proteção do Estado, é reconhecida a união estável entre o homem e a mulher como entidade familiar, devendo a lei facilitar sua conversão em casamento.

Nessa época, os direitos de herança daqueles que eram casados eram idênticos aos daqueles que viviam em união estável, ou seja, não havia qualquer discriminação entre eles. Tal cenário mudou com o novo Código Civil, que trouxe distinção entre cônjuges e companheiros, fazendo com que os últimos passassem a ter posição desfavorável na sucessão hereditária.

Passou a ser permitido ao cônjuge sobrevivente a posição de herdeiro, ao lado dos descendentes e dos ascendentes, enquanto os companheiros herdavam sob condições bem menos benéficas, já que eles participariam da herança do outro

64 UNIÃO ESTÁVEL

nas seguintes condições: quando houvesse bens adquiridos onerosamente (compra e venda) na vigência da união estável e eles tivessem filhos comuns, teriam direito à mesma quota atribuída aos seus filhos, mas, se concorressem com descendentes só do falecido, ficariam apenas com a metade do que coubesse a cada um daqueles. Na hipótese de não haver descendentes, teriam direito a um terço da herança, somente herdando a totalidade dos bens deixados caso não houvesse nenhum parente na linha de sucessão hereditária.

Tal diferenciação de tratamento levou o Supremo Tribunal Federal (STF) a julgar um recurso que questionava a possibilidade de haver discriminação entre as formas de herdar do casamento e da união estável, e a decisão foi no sentido de impedir tal distinção, inclusive nas relações homossexuais, pois a lei não pode ser interpretada de maneira a criar diferenças entre regimes de herança entre cônjuges e companheiros.

Segundo o relator de um dos recursos, o ministro Luís Roberto Barroso, depois da promulgação da Constituição foram editadas duas leis que equipararam os direitos de herança da união estável e do casamento. O quadro mudou com o Código Civil, que acabou com a equiparação, já que, apesar de ele ter sido sancionado no ano de 2002, havia sido elaborado nos anos 1970, por isso teria "chegado atrasado" em muitas questões de Direito de Família.

Ao final do julgamento, ficou definida a seguinte tese: "No sistema constitucional vigente é inconstitucional a diferenciação de regime sucessório entre cônjuges e companheiros, devendo ser aplicado em ambos os casos o regime estabelecido no artigo 1829 do Código Civil". Como o STF já havia equiparado a união estável entre casais do mesmo sexo à união estável heterossexual, "não há motivos para manter a discriminação entre os regimes sucessórios". Para efeitos sucessórios, o companheiro concorrerá com os descendentes e ascendentes do falecido, desde que não esteja dele separado na ocasião do óbito.

Em julgado mais recente, o Superior Tribunal de Justiça (STJ) também entendeu que uma companheira deve concorrer com igualdade em relação aos descendentes na partilha de bens particulares do autor da herança. A decisão considerou que a parte destinada a ela deveria ser igual à de todos os filhos do falecido – frutos da união estável e aqueles concebidos em outra relação.

Conclui-se, portanto, que, se alguém morrer sem deixar testamento, terá seus bens divididos de acordo com a ordem mencionada no Código Civil. Os primeiros são os descendentes (filhos, netos e bisnetos) e o cônjuge ou companheiro do morto, mas, se ele não tiver deixado descendentes, serão chamados, primeiramente, os ascendentes (pais ou, na sua falta, os avós e bisavós) e também o cônjuge ou companheiro.

Caso o falecido não tenha deixado descendentes ou ascendentes, todos os bens caberão ao cônjuge e, na sua falta, a herança será destinada aos parentes colaterais, na seguinte ordem: irmãos, sobrinhos, tios e primos-irmãos.

66 UNIÃO ESTÁVEL

Se alguém desejar deixar bens para alguém que não seja seu herdeiro necessário ou privilegiar um herdeiro necessário em detrimento de outros, poderá fazê-lo, desde que respeite a parte disponível da herança, que se limita a 50% dos bens do testador, sendo a outra metade pertencente aos herdeiros necessários.

A DISSOLUÇÃO DA UNIÃO ESTÁVEL

A união estável, ainda que não formalizada, poderá ser dissolvida judicialmente, ou seja, pelo Poder Judiciário, ou extrajudicialmente, pelo Cartório de Notas, sem a necessidade de ajuizamento de ação.

É importante frisar, entretanto, que somente poderá ser lavrada escritura pública de dissolução de união estável se não houver nascituro (bebê já concebido, mas que ainda não tenha nascido) ou filhos incapazes (os menores de 16 anos; aqueles que, por doença ou deficiência mental, não tiverem o discernimento para a prática dos atos da vida civil e os que não puderem exprimir sua vontade), devendo as partes estarem sempre assistidas por um advogado.

Companheiros e cônjuges, após julgamento do STF, passaram a ter os mesmos direitos, logo, em caso de morte, serão herdeiros.

DIREITO REAL DE HABITAÇÃO

O direito real de habitação está previsto no Código Civil e resguarda o direito daquele que sobrevive à morte do marido/esposa ou companheiro/companheira, qualquer que seja o regime de bens com que tenha se unido, e independentemente do que lhe caiba de herança (mesmo que não caiba nada), de continuar residindo no imóvel destinado à residência da família, de forma vitalícia, desde que ele seja o único daquela natureza a ser partilhado.

O Código Civil não previu esse direito aos companheiros, apenas aos casados, mas o Superior Tribunal de Justiça (STJ) assegurou, num caso concreto, o direito real de habitação da companheira sobre o imóvel que servira de moradia ao casal durante catorze anos de união estável.

Na I Jornada de Direito Civil, promovida pelo Conselho da Justiça Federal (CJF), já se havia concluído que o direito real de habitação deve ser estendido ao companheiro. Esse direito de residir no imóvel do casal é garantido independentemente de ele possuir outros bens em seu patrimônio pessoal, havendo a única condição de que tal imóvel seja o único daquela natureza a partilhar, independentemente de o cônjuge sobrevivente possuir outros bens pessoais.

Durante algum tempo se discutiu se o direito real de habitação na união estável admitiria que a companheira alugasse

70 UNIÃO ESTÁVEL

ou emprestasse o imóvel, mas em julgamento recente foi decidido que, assim como ocorre no casamento, não é permitido ao companheiro sobrevivente de união estável, titular do direito real de habitação, celebrar contrato de comodato (empréstimo de bem imóvel) ou locação do imóvel com terceiro.

PENSÃO ALIMENTÍCIA E UNIÃO ESTÁVEL

No Direito de Família, a palavra "alimentos" é usada como sinônimo de pensão alimentícia e para se referir à verba destinada àqueles que não têm bens suficientes, nem conseguem se sustentar. É importante esclarecer que o conceito de "alimentos" não se restringe à alimentação, englobando outros fatores necessários à existência.

A obrigação de pagar alimentos, decorrente do acordo das partes ou em razão de sentença do juiz, é sempre modificável. Explica-se: a pensão alimentícia devida em razão da união estável ou do casamento deve seguir sempre os requisitos da necessidade de quem pede e da possibilidade de quem dá, devendo o valor ser fixado na medida das necessidades do reclamante e dos recursos da pessoa obrigada; logo, a decisão judicial ou o acordo que fixam o montante a ser pago poderão ser revistos sempre que houver modificação da situação econômica de uma das partes, podendo a obrigação até mesmo ser extinta.

O Código Civil estipula os deveres dos companheiros, entre os quais o de lealdade, respeito e assistência, guarda, sustento e educação dos filhos, havendo a possibilidade de um pedir alimentos ao outro, para que possa viver de modo compatível com a sua condição social.

A obrigação de pagar pensão alimentícia para ex-companheiros vem sendo fixada em casos muito excepcionais e por tempo limitado.

A obrigação alimentar para ex-cônjuges e ex-companheiros vem sendo fixada em casos bastante excepcionais, ocorrendo, na maioria das vezes, quando há dependência econômica, e com duração, quase sempre, limitada. Um ponto importante e que poucos conhecem diz respeito à cessação dessa obrigação de pagar alimentos quando o credor se case, passe a viver em união estável ou em concubinato.

GUARDA DE FILHOS APÓS A DISSOLUÇÃO DA UNIÃO ESTÁVEL

Após a dissolução da união estável, quando o casal tem filhos, é preciso saber com quem ficará a guarda das crianças e quem terá o dever de pagar-lhes pensão alimentícia.

O Código Civil prevê apenas dois tipos de guarda. São elas:

Guarda unilateral

Exercida, exclusivamente ou prioritariamente, por um dos pais, enquanto o outro mantém o direito de visitar e supervisionar as decisões relacionadas à criança, tendo a obrigação de contribuir para o seu sustento, mediante o pagamento da pensão alimentícia.

Guarda compartilhada

Por meio dela, as responsabilidades deverão ser repartidas pelos pais e todas as decisões relacionadas ao filho deverão ser tomadas por ambos, não havendo a necessidade de que os filhos passem exatamente o mesmo período com ambos os genitores. A criança mora com um dos pais, tendo o outro livre acesso ao filho – é importante para o crescimento saudável e

76 UNIÃO ESTÁVEL

estável da criança que ela tenha uma residência como referência, estabelecendo-se, assim, uma rotina com estabilidade e relações sociais com o seu entorno. Os alimentos, neste caso, serão prestados pelo genitor que não mora com o filho.

Outros tipos de guarda

Sem previsão expressa no Código Civil, há ainda a guarda de nidação ou aninhamento, bastante comum em países europeus, em que os filhos permanecem na mesma moradia, para que não haja mudança em suas rotinas, enquanto os pais se revezam, saindo e voltando, alternadamente.

Também não foi prevista a guarda alternada, em que os pais se alternam, de forma exclusiva, nas responsabilidades com o filho, havendo sucessivas guardas unilaterais.

REGULAMENTAÇÃO DE VISITAÇÃO A ANIMAIS APÓS A DISSOLUÇÃO DA UNIÃO ESTÁVEL

Apesar de os animais serem classificados como "coisa" pelo Código Civil, é possível regulamentar a visitação ao bicho após o fim de uma união estável, desde que fique demonstrado o vínculo afetivo estabelecido. Com esse entendimento, a maioria dos ministros do Superior Tribunal de Justiça (STJ) garantiu o direito de um homem visitar a cadela da raça yorkshire chamada Kim, que ficou com a ex-companheira na separação.

Esse foi o primeiro julgamento sobre o tema realizado pelo STJ, e a situação foi a seguinte: um casal adquiriu uma cadela yorkshire no ano de 2004, quando tinha uma união estável, e, após o término da relação, em 2011, o animal ficou inicialmente com o homem, mas, tempos depois, passou a viver com a mulher, que o impediu de visitar o animal, causando "intensa angústia" ao ex-companheiro.

Foi proposta, por ele, uma ação de regulamentação de visitas, tendo a sentença considerado que o animal não poderia integrar relações familiares equivalentes àquelas existentes entre pais e filhos, concluindo que a cadela é objeto de direito, não sendo possível regular, por via judicial, a visitação.

78 UNIÃO ESTÁVEL

Em grau de recurso, o tribunal acolheu o pedido e fixou as visitas em períodos como finais de semana alternados, feriados prolongados e festas de final de ano, o que foi mantido pelo STJ.

Em seu voto, o relator do caso ponderou que, nos dias atuais, é preciso refletir se esses animais de companhia devem ser tidos como simples coisas (inanimadas) ou se merecem tratamento diferenciado, ainda mais diante do atual conceito de família e sua função social.

Durante o julgamento, foi mencionada a recente pesquisa do Instituto Brasileiro de Geografia e Estatística (IBGE) que revela existirem mais cães e gatos em lares brasileiros do que crianças, se posicionando o relator no sentido de que o Direito não pode, simplesmente, desprezar o relevo da relação do homem com seu bicho, negando o direito dos ex-companheiros de visitar ou de ter consigo o seu cão, desfrutando do seu convívio, ao menos por um tempo, o que não significa querer humanizar o animal, tratando-o como pessoa ou sujeito de direito, nem equiparar a posse dos animais com a guarda de filhos, mas que "a resolução deve, realmente, depender da análise do caso concreto, mas será resguardada a ideia de que não se está frente a uma 'coisa inanimada'".

UNIÕES ESTÁVEIS SIMULTÂNEAS E SEUS EFEITOS PREVIDENCIÁRIOS

O Supremo Tribunal Federal (STF) está prestes a julgar um caso em que se discute a possibilidade de divisão da pensão do INSS em caso de morte daquele que era o companheiro de uma e esposo da outra. Por outro lado, já se iniciou, mas ainda não há decisão, o julgamento no qual se debate a possibilidade de duas pessoas que tinham relacionamento estável simultâneo com o mesmo homem dividirem a pensão por morte. Quando o placar desse segundo julgamento estava em 5 a 3 votos a favor da divisão da pensão, o ministro Dias Toffoli pediu vista dos autos e, por isso, não há prazo para que o caso volte à discussão em plenário.

A situação levada a julgamento é a seguinte: um homem mantinha, por cerca de doze anos, duas relações estáveis ao mesmo tempo: uma com uma mulher e outra com um homem. Após a morte dele, a mulher obteve o reconhecimento da união estável e passou a receber a sua pensão por morte, quando o segundo companheiro buscou o Poder Judiciário pleiteando a divisão do benefício, alegando que tinha uma união estável paralela com o falecido.

A questão crucial nesse julgamento é a possibilidade de o STF reconhecer, nem que apenas para fins previdenciários, o surgimento de famílias "paralelas" ao casamento, o que co-

80 UNIÃO ESTÁVEL

locaria em xeque, inclusive, a proibição de dois casamentos concomitantes.

O posicionamento do Superior Tribunal de Justiça (STJ) vinha sendo no sentido de não permitir esse reconhecimento, mas há outros tribunais que têm admitido essa possibilidade, desde que comprovados os requisitos das uniões estáveis nas duas relações concomitantes.

RECONHECIMENTO DA UNIÃO ESTÁVEL APÓS A MORTE DE UM DOS COMPANHEIROS

Se, durante uma união estável, em que não haja contrato escrito, um dos companheiros vier a falecer e o outro precisar comprová-la para fins previdenciários (direito à pensão do INSS) ou para exercer sua condição de meeiro (aquele que tem metade dos bens) ou herdeiro, poderá procurar o Poder Judiciário para obter essa declaração, juntando documentos e produzindo provas testemunhais que comprovem a existência daquele relacionamento e o período de sua duração.

A ação deverá ser proposta contra os herdeiros do companheiro falecido, caso eles existam, e, se for reconhecida a união estável pós-morte, o companheiro sobrevivente poderá se habilitar, junto com os outros herdeiros, para receber sua parte na herança, caso seu companheiro tenha deixado bens.

É importante lembrar que, em se tratando de comprovação de união estável, em que a publicidade é um dos requisitos, tem se demonstrado mais fácil provar os relacionamentos heteroafetivos do que homoafetivos, principalmente quando não há contrato escrito, pois muitos relacionamentos homossexuais que são verdadeiras uniões estáveis ainda se dão de forma discreta e sem conhecimento público, visando, tão somente, evitar o preconceito e a violência ainda bastante exacerbados no Brasil. Tal situação vem sendo considerada por alguns tribunais quando analisam o requisito da notoriedade da relação para reconhecer uma união estável, havendo decisões no sentido de que não se pode utilizar nas relações homoafetivas a mesma regra exigida para a comprovação das uniões heteroafetivas, sob pena de violação do princípio da isonomia e negativa da realidade social em que vivemos.

UNIVERSO "*SUGAR*" E UNIÃO ESTÁVEL

Sabe o que é um Sugar Daddy, e seu significado? O Sugar Daddy é definido como um homem maduro, rico e bem-sucedido, normalmente entre 35 e 60 anos de idade. Se relacionam com mulheres jovens e atraentes e patrocinam um estilo de vida de luxo para elas.

São homens generosos, e gostam de cobrir suas parceiras com presentes e viagens. Quanto ao significado da palavra Sugar Daddy: Sugar, é açúcar em inglês. Daddy, é papai – são duas palavras que, juntas, apresentam o termo "Sugar Daddy", que representa a figura de homem que se dispõe a "bancar" suas companheiras. Além de presentes, eles patrocinam um projeto pessoal ou profissional, muitos financiam até estudos para suas parceiras.

[...]

A diferença entre esse tipo de relação e as relações tradicionais está no imediatismo das condições acordadas. Os casais que aderem a esse tipo de relação, ficam totalmente cientes do seu papel e das expectativas do parceiro. Para a relação funcionar, o Sugar Daddy deve ser generoso financeiramen-

> te com *a sua Sugar Baby*, enquanto essa será sua companheira. *(Universo Sugar, 2017)*

> *Você é uma Sugar Mommy? Você é experiente, madura e confiante. Já trilhou muitos caminhos e, hoje, é uma mulher bem-sucedida. Você trabalha muito e tem pouco tempo para você. Quando tem, prefere estar com alguém decidido, atraente e agradável. Cansada de ir aos mesmos lugares e não ter quem te acompanhe no que realmente gosta? Aqui você encontra o parceiro ideal! Encontre uma pessoa bonita e de conteúdo. (Meu Patrocínio, [s.d.])*

Esses textos, totalmente extraídos dos sites https://www.universosugar.com/ e https://www.meupatrocinio.com/sugar-mommy, podem parecer pouco críveis para muitos, mas são tão reais que o debate dessa polêmica questão chegou até mesmo ao Programa *Fórum* da TV Justiça, veiculado no dia 17 de fevereiro de 2019, assim como foi abordado na revista *Justiça*, do Supremo Tribunal Federal (STF), revista eletrônica diária que, em 17 de fevereiro de 2019, analisou "as consequências legais dos relacionamentos entre uma pessoa mais velha e outra mais nova (conhecidos como *sugar daddy e sugar baby*)".

No site do STF, na seção "Notícias STF", na sexta-feira, 15 de fevereiro de 2019, foi publicado o seguinte texto, que resumia a programação da TV Justiça:

> *Confira os destaques da TV Justiça para o fim de semana:*
>
> *Domingo, 17/2*
>
> *12h – Fórum*
>
> *No Brasil, 124 milhões de pessoas participam de alguma plataforma de relacionamento. A nova forma de amar no mundo contemporâneo envolve maciçamente a tecnologia e, além de dar um empurrãozinho na hora da paquera, promove namoros, casamentos e também, relações inovadoras como as de "relacionamento sugar", que envolvem pessoas endinheiradas, bem-sucedidas e generosas que bancam integralmente as despesas do outro, e tudo é acertado de forma transparente e consensual no início da relação. Mas como isso funciona juridicamente? É preciso fazer um contrato de namoro? Estas e muitas outras questões a respeito são debatidas no programa Fórum desta semana com o advogado Robinson Neves e a sexóloga e psicóloga Luísa Miranda. (STF, 1º dez. 2019)*

Segundo informações do jornal *O Globo* de 12 de setembro de 2019, as duas principais plataformas desses relaciona-

86 UNIÃO ESTÁVEL

mentos no Brasil demonstram que a renda média mensal de um *sugar daddy* pode ultrapassar os R$ 100 mil. Segundo o levantamento, a maioria dos *daddies* (43%) ganha entre R$ 30 mil e R$ 50 mil. Na plataforma Meu Patrocínio, a renda mensal média dos *sugar daddies* é de R$ 80 mil. Os dados mostram ainda que, no caso destes, a média patrimonial é de cerca de R$ 7,7 milhões.

O universo *sugar* tem despertado o interesse de muitos, mas especialmente dos advogados, que tentam um meio de blindar seus clientes usuários desses aplicativos dos possíveis efeitos patrimoniais desses relacionamentos baseados em acordos de conveniência.

Por mais estranho que possa parecer o universo *sugar*, ele existe e tem feito bastante sucesso por aqui (a plataforma de relacionamentos Meu Patrocínio reúne mais de um milhão de pessoas). Essa forma de se conhecer e relacionar não configura ilícito algum, desde que as partes sejam maiores e capazes e façam suas escolhas livremente, sem qualquer espécie de coação, mas um ponto que tem preocupado muitos advogados é a crença disseminada de que essa forma "negocial" de se estabelecerem as regras para os encontros, de forma franca, aberta e transparente, impediria, por completo, a possibilidade de o parceiro/parceira vir a ter direitos sobre o patrimônio do "patrocinador", caso a relação acabe ou um deles venha a falecer durante a relação.

A princípio, um relacionamento *sugar* tradicional não preencheria os requisitos para um eventual reconhecimento de vínculo mais sério, mas um fator que talvez possa oferecer certa vulnerabilidade aos *daddies* e *mommies* é o fato de eles arcarem com o pagamento de contas como alugueres, faculdades e outras despesas dos seus *babies*, facilmente comprovável numa eventual ação. É fato que isso, por si só, não seria hábil a gerar o reconhecimento de união estável, mas, na hipótese de um desses relacionamentos ser público, contínuo e duradouro, faltará apenas a comprovação da intenção de constituir família, que, conforme já falamos, é algo vago e subjetivo, dependendo da avaliação caso a caso, competindo ao juiz analisar as provas e decidir se está diante de um relacionamento eventual, um namoro ou uma união estável de verdade.

Parece fácil deduzir que muitos casos que começam como simples relacionamentos *sugar* evoluem para encontros amorosos como quaisquer outros. Os dois, que originalmente se relacionavam apenas por conveniência, passam a compartilhar aspectos do dia a dia, têm amigos comuns, são conhecidos publicamente como um casal, se relacionando de forma contínua e estável, podendo, em determinado momento, haver o ânimo de constituir família.

Caso essa história siga esse roteiro, mesmo que não previsto inicialmente, poderá ser reconhecida a união estável com todas as suas consequências legais, independentemente de a relação ter se iniciado de uma forma negocial.

Alguns defendem que a proteção jurídica desse tipo de relação poderia se dar por meio dos contratos de namoro, outros consideram que isso não seria possível, pois não seria algo legalmente defensável celebrar contratos com objeto imoral ou que afronte a ordem pública. Não concordamos com esse ponto de vista, pois o fato de haver uma "troca" de sexo por benefícios financeiros e afetivos, por si só, não nos parece ofender a ordem pública ou se constituir em objeto ilícito ou imoral.

O próprio Superior Tribunal de Justiça (STJ), quando teve que julgar questão distinta, relacionada à prostituição, entendeu que garota de programa poderia cobrar na justiça o serviço que não foi pago, citando que os profissionais do sexo têm direito a proteção jurídica.

O relator do caso afirmou, inclusive, que "não se pode negar proteção jurídica àqueles que oferecem serviços de cunho sexual em troca de remuneração, desde que, evidentemente, essa troca de interesses não envolva incapazes, menores de 18 anos e pessoas de algum modo vulneráveis e desde que o ato sexual seja decorrente de livre disposição da vontade dos participantes", o que permite concluir que não haveria imoralidade ou ilicitude em eventual celebração de contrato de namoro entre *sugar daddy/sugar mommy* e seus respectivos *sugar babies*.

Por fim, caso seja demonstrado, por provas cabais, que o relacionamento *sugar* evoluiu, se transformando em união estável, e o casal venha a se separar, dependendo do caso, poderá ser reivindicada a prestação de alimentos e a divisão dos bens comprados durante o período em que estiveram juntos (50% do patrimônio adquirido onerosamente), além de direitos de herança, em caso de morte durante a união estável, quando a *sugar baby* concorrerá, em relação aos bens reservados (que são aqueles recebidos por herança ou doação, ou comprados pelo falecido antes da união estável), em igualdade de condições, com os descendentes e ascendentes dos *sugar daddies* e das *sugar mommies*.

A união estável, mesmo que não tenha sido formalizada, poderá ser dissolvida judicialmente ou no cartório, sendo proibida, no último caso, se houver nascituro (bebê concebido, mas ainda não nascido) ou incapazes.

UNIÕES ESTÁVEIS POLIAFETIVAS

A Associação de Direito de Família e das Sucessões (ADFAS) apresentou ao Conselho Nacional de Justiça (CNJ) Pedido de Providências contra o 3º Tabelião de Notas e Protesto de Letras e Títulos de São Vicente (SP) e o Tabelião de Notas e de Protesto de Letras e Títulos da Comarca de Tupã (SP) por terem sido lavradas escrituras de "união poliafetiva" consubstanciadas na "união estável" constituída entre três ou mais pessoas reciprocamente.

A autora argumentou que a lavratura de escritura pública de "união poliafetiva" seria inconstitucional por violar os princípios familiares básicos, as regras constitucionais sobre família, a dignidade da pessoa humana, as leis civis e a moral e os costumes brasileiros.

Defendeu, também, que a expressão "união poliafetiva" seria um engodo por pretender validar relacionamentos com formação poligâmica e que todas as tentativas de ampliação das entidades familiares para acolhimento da poligamia são contrárias à Constituição.

O Instituto Brasileiro de Direito de Família (IBDFAM) defendeu a improcedência do pedido, alegando que a Constituição Federal não apresentou uma lista fixa de formas de constituição de família, estendendo ela sua tutela a qualquer família, e que o estado laico asseguraria a pluralidade de ideias, a diversidade das conformações sociais e, portanto, das múltiplas formas de constituição de família, incluindo as "uniões poliafetivas".

Por 12 votos contra 1, o CNJ deu procedência ao pedido de proibição aos tabelionatos de notas de lavratura de escrituras públicas de "relações poliafetivas" como "uniões estáveis", nos seguintes termos:

> *PEDIDO DE PROVIDÊNCIAS. UNIÃO ESTÁVEL POLIAFETIVA. ENTIDADE FAMILIAR. RECONHE-CIMENTO. IMPOSSIBILIDADE. FAMÍLIA. CATE-GORIA SOCIOCULTURAL. IMATURIDADE SO-CIAL DA UNIÃO POLIAFETIVA COMO FAMÍLIA. DECLARAÇÃO DE VONTADE. INAPTIDÃO PARA CRIAR ENTE SOCIAL. MONOGAMIA. ELEMENTO ESTRUTURAL DA SOCIEDADE. ESCRITURA PÚ-BLICA DECLARATÓRIA DE UNIÃO POLIAFETIVA. LAVRATURA. VEDAÇÃO.*
>
> *[...]*
>
> *4. A relação "poliamorosa" configura-se pelo relacionamento múltiplo e simultâneo de três ou mais pessoas e é tema praticamente ausente da vida social, pouco debatido na comunidade jurídica e com dificuldades de definição clara em razão do grande número de experiências possíveis para os relacionamentos.*
>
> *[...]*

7. A diversidade de experiências e a falta de amadurecimento do debate inabilita o "poliafeto" como instituidor de entidade familiar no atual estágio da sociedade e da compreensão jurisprudencial. Uniões formadas por mais de dois cônjuges sofrem forte repulsa social e os poucos casos existentes no país não refletem a posição da sociedade acerca do tema; consequentemente, a situação não representa alteração social hábil a modificar o mundo jurídico.

8. A sociedade brasileira não incorporou a "união poliafetiva" como forma de constituição de família, o que dificulta a concessão de status tão importante a essa modalidade de relacionamento, que ainda carece de maturação. Situações pontuais e casuísticas que ainda não foram submetidas ao necessário amadurecimento no seio da sociedade não possuem aptidão para ser reconhecidas como entidade familiar.

[...]

11. A sociedade brasileira tem a monogamia como elemento estrutural e os tribunais repelem relacionamentos que apresentam paralelismo afetivo, o que limita a autonomia da vontade das partes e veda a lavratura de escritura pública que tenha por objeto a união "poliafetiva".

[...]

13. Pedido de providências julgado procedente. (CNJ, 29 jun. 2018)

É assegurado ao companheiro sobrevivente o direito de morar no imóvel que serviu de moradia ao casal durante a união estável, independentemente do regime de bens, desde que seja ele o único bem a inventariar.

PERGUNTAS E RESPOSTAS

1. Marlene e Guilherme estão juntos há sete anos e há cinco passaram a morar no apartamento que alugaram, cujo aluguel ele paga, ficando ela responsável pelas outras despesas. Assim que se mudaram, sentiam-se como namorados que moravam juntos, mas hoje consideram-se casados e é assim que amigos e familiares os veem, mesmo não tendo havido casamento oficial entre eles – são eles um casal de namorados que moram juntos ou vivem em união estável?

A lei brasileira, em seu artigo 1.723 do Código Civil, definiu a união estável como entidade familiar "configurada na convivência pública, contínua e duradoura, e estabelecida com o objetivo de constituição de família". A lei não exige mais um prazo mínimo de relacionamento para a configuração da união estável, nem a moradia sob o mesmo teto, mas ela é um bom indicador da sua existência. Se eles residem na mesma casa, têm um relacionamento público e duradouro e se sentem como casados, há aí uma união estável.

2. Homem e mulher mantêm relacionamento amoroso há cerca de dez anos e esse fato é de conhecimento pleno dos amigos e dos parentes do casal. Cada qual tem sua residência, nunca tendo morado juntos e nem pretendendo fazê-lo,

96 UNIÃO ESTÁVEL

assim como não têm a intenção de ter filhos. Aos olhos da justiça, ambos estão em união estável?

Por ocasião do julgamento do caso, o Poder Judiciário analisará as provas documentais e testemunhais, buscando aferir se estão presentes os requisitos da união estável, não impedindo o seu reconhecimento o simples fato de o casal residir separadamente ou não pretender ter filhos, bastando que se comprove a convivência pública, contínua e duradoura, além do objetivo de constituição de família.

3. Mulher é dona de apartamento, herdado de sua mãe, e, porque ama muito seu namorado, convida-o para morar com ela, mas teme que o amado tire alguma vantagem dessa sua propriedade. O que ela deve fazer para impossibilitar que ele alegue que têm uma união estável e pretenda algum direito sobre seu imóvel no futuro?

Não existe fórmula para se evitar que alguém peça o reconhecimento judicial de união estável, portanto, caso isso ocorra, a mulher deverá apresentar as provas de que o casal apenas namorava, não tendo o objetivo de constituir família, mesmo residindo na mesma casa.

Se, mesmo assim, for declarada a união estável pelo Poder Judiciário, como o casal não havia formalizado a união, nem escolhido o regime de bens, será aplicado o regime da comunhão parcial, por isso o homem não terá direito à metade do apartamento da mulher, por ele ter sido recebido da sua mãe a título gratuito (herança ou doação).

4. União estável só pode ser estabelecida entre homem e mulher?

Não. Desde o julgamento, pelo Supremo Tribunal Federal (STF), da ADI 4277 e da ADPF 132, foi reconhecida a união estável para casais do mesmo sexo, sendo válido o seu reconhecimento como entidade familiar, desde que atendidos os requisitos exigidos para a constituição de união estável entre homem e mulher, se aplicando aos companheiros das uniões estáveis homoafetivas os mesmos direitos e deveres das uniões entre pessoas do mesmo sexo.

5. É válido o contrato de união estável entre mais de duas pessoas?

O Conselho Nacional de Justiça (CNJ), em decisão de junho de 2018, proibiu aos cartórios que lavrassem qualquer tipo de documento que declarasse a união estável entre mais de duas pessoas, conhecida como poliamor.

6. A separação de casal de companheiros poderá ser feita no cartório mesmo que eles não tenham registrado seu contrato de união estável?

A união estável poderá ser dissolvida, mesmo que o casal não tenha feito a declaração de união estável, de duas manei-

98 UNIÃO ESTÁVEL

ras: judicialmente e extrajudicialmente. Só é possível, entretanto, a dissolução no cartório (extrajudicial) se o pedido for consensual, não haja nascituro (filho concebido, mas ainda não nascido) ou filhos menores ou maiores incapazes (aqueles que, por enfermidade ou deficiência mental, não tiverem o necessário discernimento para a prática dos atos da vida civil e os que, mesmo por causa transitória, não puderem exprimir sua vontade).

7. Há união estável com os mesmos tipos de regime de bens do casamento?

Sim. Há quatro regimes de bens no Brasil: a) comunhão parcial de bens; b) comunhão universal de bens; c) regime de participação final nos aquestos; d) separação de bens. Se não for definido regime de bens específico, a união estável será regida pelo regime da comunhão parcial de bens.

8. Qual o estado civil de quem vive em união estável?

A união estável, ao contrário do que ocorre com o casamento, não muda o estado civil dos conviventes, que continuarão a ostentar o mesmo estado civil anterior; logo, se eram solteiros, separados, divorciados ou viúvos, assim permanecerão.

9. A pessoa em união estável tem os mesmos direitos à herança daquela que é cônjuge?

Sim. Após o julgamento do Recurso Extraordinário 878.694-MG, pelo STF, foi reconhecida a equiparação, para efeitos de herança, entre os direitos do cônjuge e do companheiro, passando esse último a ser herdeiro necessário do companheiro falecido, concorrendo, em igualdade de condições, com os seus descendentes e ascendentes, em relação aos bens reservados do falecido, que são aqueles recebidos por herança ou doação, ou comprados pelo falecido antes da união estável.

10. Filomena e Teófilo viviam em união estável e Teófilo morre. Pergunta-se: Filomena é viúva? Ela terá direito à pensão por morte?

Filomena continuará tendo o mesmo estado civil que tinha antes da união estável com Teófilo e, sim, terá direito à pensão por morte, desde que ela comprove que viviam em união estável, pois o INSS reconhece que esse relacionamento gera efeitos previdenciários ao companheiro sobrevivente.

11. Homem e mulher, pelo menos um deles com estado civil de casado, podem viver em união estável?

Segundo a lei vigente, quando um dos dois, ou os dois, são casados, essa relação não pode ser considerada como entidade familiar, em razão do impedimento para o matrimônio, mas

100 UNIÃO ESTÁVEL

a lei autorizou que pessoas casadas no papel, mas separadas na vida real, ou separadas judicialmente, mas que ainda não fizeram o divórcio (a separação judicial não rompe o vínculo conjugal), possam ter uniões estáveis sem que essas relações sejam consideradas de concubinato.

12. Joaquim e Gustavo vivem em união estável formalizada e com o regime de separação de bens. Gustavo tem um filho de um casamento anterior e apenas um apartamento, que foi adquirido antes da união, onde, inclusive, o casal reside. Se Gustavo falecer durante a união estável, Joaquim será seu herdeiro?

Sim. Após o julgamento do Recurso Extraordinário 878.694-MG, pelo STF, foi reconhecida a equiparação, para efeitos de herança, da união estável ao casamento, logo, para efeitos de herança, independentemente do regime de bens escolhido pelos conviventes, o companheiro sobrevivente terá direitos de herdeiro sobre os bens do falecido. Joaquim, portanto, concorrerá à herança, em igualdade de condições, com o filho de Gustavo, ficando com 50% do apartamento e com o direito de residir no imóvel até a sua morte (direito real de habitação).

13. Tonico, órfão de pai e mãe, tem uma união estável há sete anos com Lucélia, sem filhos, e há cinco anos tem um relacionamento extraconjugal com Scheyla. Quando des-

cobriu a traição, Lucélia teve uma parada cardíaca e veio a falecer, deixando uma fazenda, herdada dos seus pais. Meses depois do falecimento de Lucélia, Tonico e Scheyla passaram a viver em união estável, vindo Tonico a falecer logo depois, sem que ambos tivessem filhos. Indaga-se: com quem ficará a fazenda, que era originalmente dos pais de Lucélia, tendo em vista que ela tinha uma irmã que permanece viva?

Tendo em vista que Lucélia e Tinoco viviam em união estável, ele será o herdeiro necessário da fazenda, excluindo a irmã de sua ex-companheira. Com o posterior falecimento de Tonico, que vivia em união estável com Scheyla, ela passará a ser a única herdeira dos bens de Tinoco, logo herdará sozinha a fazenda que era, originalmente, dos pais de Lucélia.

14. Uma mulher e seu ex-companheiro viviam em união estável, sem filhos, e fizeram uma escritura no cartório. Se separaram há mais de sete anos e hoje a mulher quer viver em união estável com outra pessoa. Ela pode fazer um novo contrato sem cancelar o anterior?

A rigor, se foi feita uma escritura de união estável é aconselhável que a mulher faça a sua dissolução, judicial ou extrajudicialmente, para que fique delimitado no tempo o período da convivência entre ambos e a data a partir da qual não há mais os deveres de mútua assistência e fidelidade. A dissolução da união estável também facilita saber se haverá a necessidade de divisão de bens adquiridos por um dos dois depois de, teoricamente, já estarem separados, mas ainda continua-

102 UNIÃO ESTÁVEL

rem formalmente unidos pelo contrato. Se a mulher está separada de fato e ambos não mais se consideram companheiros, apesar de ser fortemente aconselhável a dissolução do contrato anterior, o fato é que não há impedimento legal para que ela viva uma nova união estável.

15. Uma pessoa em divórcio litigioso, com separação de corpos há mais de dois anos, porém sem nenhuma documentação formal dessa separação, pode ter união estável com outra pessoa?

Sim. A lei permite que pessoas ainda casadas no papel, mas separadas de fato, ou aquelas separadas judicialmente, mas não divorciadas (a separação judicial não rompe o vínculo conjugal), possam ter uma união estável, pois, como já falamos anteriormente, ela é uma situação de fato, bastando que duas pessoas se relacionem de forma contínua, pública e duradoura, com o objetivo de constituir família, para que tenhamos uma união estável.

Se uma pessoa ainda está casada "no papel", mas está "separada de corpos" há mais de dois anos, inclusive com ação de divórcio ajuizada, poderá ter uma união estável com outra pessoa.

16. Se um casal se casou nos Estados Unidos (nunca registrou o casamento no Brasil) e depois o marido mudou-se para cá,

onde a esposa já morava, vivendo juntos há mais de vinte anos, é correto dizer têm uma união estável aqui?

Sim, é correto, desde que eles se relacionem de forma contínua, pública e duradoura, com o objetivo de constituir família.

17. Qual é o regime "natural" da união estável? É possível ter união estável com separação de bens?

A formalização da união estável tem a vantagem de poder haver a escolha do regime de bens (inclusive a separação de bens), já que, na hipótese de não haver contrato ou nele não haver nenhuma menção ao regime de bens, será adotado como padrão o regime da comunhão parcial de bens.

18. No caso de morte cerebral do companheiro, quem será consultado para decidir sobre a doação de órgãos: a companheira/companheiro ou outros parentes?

O Decreto n. 9.175/17 trouxe mudanças na Lei do Transplante de Órgãos (Lei n. 9.434/97), reforçando o papel da família na decisão da doação de órgãos e permitindo a inclusão do companheiro, que viva em união estável, como autorizador da doação. Antes, era necessário ser casado oficialmente com o doador para autorizar o transplante.

104 UNIÃO ESTÁVEL

19. Pode haver o pedido de reconhecimento de união estável após a morte do companheiro?

É possível, sim, e muitas vezes ele é necessário quando algum benefício é negado em razão da ausência de comprovação de que o falecido/falecida vivia em união estável.

20. Quais são as diferenças entre o casamento e a união estável?

A diferença fundamental entre o casamento e a união estável se dá na sua formação, que no primeiro caso é reconhecido formalmente pelo Estado (ambos assinam os "papéis" do casamento) e acontece diante da autoridade competente, enquanto na união estável basta que o casal tenha um relacionamento duradouro, público e com o objetivo de constituir família para que ela se constitua, não sendo necessário nenhum contrato prévio, apesar de ser ele aconselhável, para facilitar a comprovação da união estável, fixar o período de duração, escolher o regime de bens e facilitar a partilha desses mesmos bens.

Tanto no casamento como na união estável o casal pode escolher o regime de bens que desejarem, mas, quando o regime escolhido não for o da comunhão parcial de bens, deverá ser realizado o pacto antenupcial no caso do casamento, e o contrato escrito na união estável, sendo que, se não for feita essa escolha, o regime aplicado será o da comunhão parcial de bens.

No contrato de casamento há a mudança do estado civil dos cônjuges, que passam a ser casados, enquanto na união estável os conviventes permanecem com o mesmo estado civil de antes, mesmo com o registro da escritura de união estável em cartório.

REFERÊNCIAS

4ª CÂMARA DE DIREITO PRIVADO DO TRIBUNAL DE JUSTIÇA DE SÃO PAULO. Apelação 0014396.19.2013.

8ª CÂMARA CÍVEL DO TRIBUNAL DE JUSTIÇA DO ESTADO DO RIO GRANDE DO SUL. Apelação 70076137819.

BRASIL. Lei n. 3.071, de 1º de janeiro de 1916. *Diário Oficial da União*, 5 jan. 1916.

_____. Lei n. 4.121, de 27 de agosto de 1962. *Diário Oficial da União*, 3 set. 1962.

_____. Constituição da República Federativa do Brasil. Brasília, DF: Senado, 1988.

_____. Lei n. 8.971, de 29 de dezembro de 1994. *Diário Oficial da União*, Brasília, DF, 30 dez. 1994.

_____. Lei n. 9.278, de 10 de maio de 1996. *Diário Oficial da União*, Brasília, DF, 13 maio 1996.

_____. Lei n. 10.406, de 10 de janeiro de 2002 (Código Civil). *Diário Oficial da União*, Brasília, DF, 11 jan. 2002.

CONSELHO DA JUSTIÇA FEDERAL. CJF-ADM-2014/00232, de 8 de agosto de 2014. *Diário Oficial da União*, Brasília, DF, 28 ago. 2014.

_____. Enunciado 117. *Jornada de Direito Civil da Justiça Federal (CJF)*, 1. Brasília, 12 e 13 set. 2002.

_____. Enunciado 125. *Jornada de Direito Civil da Justiça Federal (CJF)*, 1. Brasília, 12 e 13 set. 2002.

CONSELHO NACIONAL DE JUSTIÇA (CNJ). Resolução n. 175, de 14 de maio de 2013. *Diário da Justiça Eletrônico*, 15 maio 2013.

_____. Pedido de Providências 0001459-08.2016.2.00.0000. Brasília, DF, 29 jun. 2018.

INSTITUTO NACIONAL DO SEGURO SOCIAL (INSS). Instrução Normativa INSS n. 45, de 6 de agosto de 2010. *Diário Oficial da União*, Brasília, DF, 11 ago. 2010.

MEU PATROCÍNIO. Você é uma sugar mommy? [s.d.]. Disponível em: https://www.meupatrocinio.com/sugar-mommy. Acesso em: abr. 2020.

POLÍTICA NACIONAL DE SAÚDE INTEGRAL DE LÉSBICAS, GAYS, BISSEXUAIS, TRAVESTIS E TRANSEXUAIS (Portaria n. 2.836, de 1º de dezembro de 2011.)

SUPERIOR TRIBUNAL DE JUSTIÇA (STJ). Terceira Turma (T3). Recurso Especial n. 1.206.656-GO. Julgado em 16 de outubro de 2012.

_____. Terceira Turma (T3). Recurso Especial n. 1.454.643-RJ. Julgado em 3 de março de 2015. *Diário da Justiça Eletrônico*, 10 mar. 2015.

_____. Terceira Turma (T3). Recurso Especial n. 1.654.060-RJ. Julgado em 2 de outubro de 2018. *Diário da Justiça Eletrônico*, 4 out. 2018.

_____. Quarta Turma (T4). Recurso Especial n. 1.713.167-SP. Julgado em 19 de junho de 2018. *Diário da Justiça Eletrônico*, 9 out. 2018.

_____. HC 211.888/TO, de 19 de maio de 2016. Disponível em: http://www.stj.jus.br/static_files/STJ/Midias/arquivos/HC211888.pdf. Acesso em: abr. 2020.

SUPREMO TRIBUNAL FEDERAL (STF). AdI n. 4.277. 5 maio 2011. *Diário da Justiça Eletrônico*, 14 out. 2011.

_____. ADPF n. 132. 5 maio 2011. *Diário da Justiça Eletrônico*, 14 out. 2011.

_____. Súmula 377, de 3 de abril de 1964. *Diário da Justiça*, 8 maio 1964, p. 1237.

_____. Súmula 380, de 3 de abril de 1964. *Diário da Justiça*, 8 maio 1964, p. 1237.

_____. Recurso Extraordinário n. 878.694-MG. Julgamento em 10 de maio de 2017. *Diário da Justiça Eletrônico 021*, 6 fev. 2018.

_____. Recurso Extraordinário n. 646.721-RS. Julgamento em 10 de maio de 2017.

_____. Recurso Extraordinário n. 883.168-SC. Autuação em 17 de abril de 2015.

_____. Recurso Extraordinário n. 1045.273-SE. Julgamento em 25 de setembro de 2019. [Interrompido.]

_____. Confira a programação da Rádio Justiça para esta segunda-feira. *Portal STF*, 1º dez. 2019. Disponível em:

110   UNIÃO ESTÁVEL

http://www.stf.jus.br/portal/cms/verNoticiaDetalhe.asp?idConteudo=431254. Acesso em: abr. 2020.

UNIVERSO SUGAR. *Como conseguir um patrocínio no universo sugar*. 29 maio 2017. Disponível em: https://www.universosugar.com/como-conseguir-um-patrocinio-no-universo-sugar/. Acesso em: abr. 2020.

INDICAÇÕES DE VÍDEOS

INSTITUTO BRASILEIRO DE DIREITO CIVIL - IBDCivil. *Julgamento parcial do RE 878694*. Disponível em: https://www.youtube.com/watch?v=UxgdcCxwlnc. Acesso em: 11 maio 2020.

PICARELLI, A. *Luis Roberto Barroso defende união homoafetiva no STF, 05/05/2011*. Disponível em: https://www.youtube.com/watch?v=DDpn9H3h3lQ. Acesso em: 11 maio 2020.

STF. *Saiba Mais – Relacionamentos*. Disponível em: https://www.youtube.com/watch?time_continue=22&v=Jf-7wKtHxlIw&feature=emb_logo. Acesso em: 11 maio 2020.

STF. *Saiba Mais – União estável*. Disponível em: https://www.youtube.com/watch?v=DDMy1I19Wpo. Acesso em: 11 maio 2020.

GRÁFICA PAYM
Tel. [11] 4392-3344
paym@graficapaym.com.br